AF229765

DES IDÉES DU PEUPLE

EN POLITIQUE.

Imprimerie de Petit, rue du Caire, 4,

DES IDÉES DU PEUPLE

EN POLITIQUE.

par Gergy MERVILLE.

> . . . . . dans tous ces beaux coups,
> L'honneur est pour les chefs, et les boulets pour nous.
>
> LA FAMILLE GLINET.

Prix : 75 cent.

Paris.

CHEZ DUVERNOIS, LIBRAIRE,

AU PALAIS-ROYAL.

ET CHEZ TOUS LES MARCHANDS DE NOUVEAUTÉS.

1834.

DES IDÉES DU PEUPLE

EN

POLITIQUE.

« Tous les citoyens sont égaux devant la loi, quelque soit d'ailleurs leur rang et leur fortune. » La charte entière, toutes les lois organiques de notre société sont renfermées dans ce peu de mots; la révolution dut finir quand ils seraient inscrits dans nos codes, la révolution est donc finie.

En vain les mécontens du système qui nous régit, et quel pouvoir, tout raisonnable qu'il puisse être, n'a pas ses adversaires , ses rivaux, ses ennemis ? quel gouvernement, aussi juste, aussi loyal, aussi légal qu'on puisse l'établir, ne froisse pas quelques intérêts, quelques ambitions, quelques amours-propres ? en vain les mécontens, disons-nous, s'efforcent incessamment de nous persuader que cette révolution, leur idole et leur espoir, est plus vivace que jamais, et que c'est seulement la lutte qui a changé de terrain.

Le peuple, dit-on à l'appui de cette assertion, car il est remarquable que ce mot : *le peuple !* cri terrible de ralliement des factions de toutes les couleurs et de toutes les époques, ce mot qui dévaste et détruit, ce mot qui proscrit et qui tue, qui fait battre le rappel, la charge et la générale au sein des cités, et monter à chacun la rougeur à la face, ce mot fut toujours le premier cheval de bataille et joua un rôle magnifique dans toutes ces utopies, quelquefois brillantes à la première vue, mais toujours absurdes, étant, à force d'exagération, impossibles à réaliser. Le peuple donc, avant 1789, était composé de trois castes bien distinctes. La première et la seconde comprenaient tout ce qui appartenait à la noblesse et au sacerdoce, les aristocrates enfin; la troisième représentait la bourgeoisie, gens de robe et de comptoir, d'industrie, de science et d'argent, on l'appela alors le tiers-état; et puis en sous ordre il en végétait une quatrième qui, serve par naissance, abrutie par le malheur, dégradée par l'ignorance dans laquelle les autres la voyaient croupir avec délices, n'était autre que la canaille ou le peuple proprement dit.

A cette époque qui signala pour la France une ère nouvelle, la philosophie, ce plus beau fleuron de la couronne de Louis XIV, avait germé et jeté de profondes racines dans bien des cœurs, et les leçons, à la fois sublimes et sanglantes, que la Grande-Bretagne avait données au monde, bien et dûment digérées, ne devaient pas être perdues pour nous; la réflexion, le raisonnement, trop de lumières en avaient jailli. Quand un peuple souffre et qu'il connait la cause de ses souffrances et les moyens de s'y soustraire, il est prêt à saisir la première occasion de mettre ces moyens en pratique. Or, cette occasion pouvait-elle manquer à la France après le règne déplorable d'un roi cynique au point d'oser dire : «ceci durera toujours autant que moi» et qui avait agi en conséquence. A l'avènement de son successeur l'état touchait à la banqueroute. Pour la prévenir, il fallut demander des subsides extraordinaires qu'on ne put obtenir du peuple épuisé déjà. Force fut donc de se résoudre à la convocation des États-Généraux, et la guerre commença. Les membres du tiers-état, forts d'un sentiment inconnu chez eux jusqu'alors en pareille occurrence, celui de leur dignité d'hommes et de citoyens, s'élancèrent pleins d'énergie dans la lice, et dictèrent des conditions qui effrayèrent les amis, ou soi-disant tels du trône, avides qu'ils étaient d'argent en même tems que peu disposés à faire des concessions à la révolution dont les progrès les menaçaient d'une ruine prochaine et totale. Ils se repentirent de leur démarche et essayèrent de gagner du tems pour transiger ou duper leurs antagonistes; mais les lenteurs ne firent que précipiter la catastrophe en donnant à ces derniers le loisir de se compter et de calculer les chances que leur offrait une lutte ouverte. La plus sûre parut au tiers celle d'appeler à son secours cette masse de parias dont on soupçonnait à peine l'existence, excepté sur les champs de batailles : séduite par de belles paroles et des promesses plus belles encore, elle répondit à l'appel et parut telle qu'on la vit toujours depuis, imposante, innombrable, terrible; et l'on fit le 10 août; et quarante ans de révolution passèrent sur la tête de ceux qu'elle épargna, et le succès devait couronner l'œuvre patriotique.

Puis on ajoute : aujourd'hui le tiers-état vainqueur a pris la place de l'aristocratie nobiliaire détruite, ou dont au moins les droits n'ont plus de crédit que dans quelques esprits biscornus, accessibles aux plus ridicules préjugés; il a donc pris cette place, et voudrait refouler le vrai peuple jusqu'à sa position primitive, aveugle au point de croire que ce peuple, dont le nombre l'empêche de nier l'existence, que ce peuple qui a marché avec lui, qui l'a porté sur ses épaules dans la voie de l'affranchissement, retournera volontiers à son point de départ, comme le soldat mercenaire qu'on licencie quand son service deviendrait onéreux, parce qu'on n'a plus besoin de lui, que la guerre est finie et qu'il doit s'en retourner dans ses foyers, s'il en a, chargé de sa part de pillage, et riche pour long-tems de souvenirs de bonheur à sa manière. Mais le peuple ne s'était ni vendu ni loué. La révolution l'a convié au banquet de la liberté, il y est venu en personne, il s'est battu pour lui, il a vaincu pour lui et c'est un outrage à la raison et à l'humanité que de ne vouloir pas l'admettre au partage du butin remporté dans cette pénible et glorieuse campagne, ces droits conquis et cimentés de son sang généreux. La lutte recommence donc entre lui et ce tiers énorgueilli des

avantages que seul il n'aurait pas obtenus et qui pré-
tend ne se considérer que comme héritier d'une
tyrannie battue en brèche depuis 89 et que les jours
de Juillet ont achevé d'anéantir à jamais. L'issue
de cette nouvelle croisade de la civilisation contre
la barbarie ne peut sembler douteuse à personne.

Voilà en substance le langage quotidien de l'opposition. Puis en découle comme une conséquence naturelle, nécessaire, indispensable, la pompeuse énu-
mération des bienfaits de la révolution et l'empha-
tique éloge de tous ses actes quels qu'ils soient et
des hommes qui l'ont commencée, conduite, pour-
suivie, voir même de ceux qui l'ont revue, corrigée
et considérablement augmentée. Or, ce langage est
d'autant plus dangereux qu'il ne s'adresse point à
l'intelligence des masses qui en reconnaîtrait l'évi-
dente fausseté, mais aux mauvaises passions qui fer-
mentent dans leur sein, et qu'il ne peut avoir pour
résultat que l'anarchie et une désorganisation sanglante, au lieu des améliorations précieuses qu'il semble promettre de prime-abord et qu'on ne peut rai-
sonnablement attendre que du tems et de l'éman-
cipation intellectuelle des classes restées, non-seulement stationnaires, mais en arrière de la civilisation,
malgré les efforts incessans des véritables philan-
tropes. Et si nous avons à avouer, à déplorer ce triste
état de choses, qui doit-on en accuser? Si ce ne sont
les factieux de tous les partis, amis d'une soi-disant
propagande politique qui ne peut jamais changer
qu'en mal la situation des classes laborieuses, et, par

eurs menées continuelles, sinon ennemis, du moins adversaires des progrès dans les mœurs du siècle.

Et pour le prouver il n'y a besoin de se mettre en grands frais de souvenirs du passé et d'expérience du présent, il ne s'agit tout bonnement que de les suivre sur leur propre terrain, de nous inoculer pour quelques momens leurs convictions. Ensuite, après avoir posé en principe que les hommes sont toujours les mêmes, pétris de la même argile, coulés au même moule, ce qu'ils ne peuvent nous refuser avec la moindre apparence de bon sens, après cela, dis-je, nous leur accorderons toute la bonne foi, tout le courage, tous les talens, toutes les vertus qu'un mandat usurpé comme est le leur, exige de l'audacieux qui ne frémit pas d'en assumer la responsabilité sur sa tête.

Nous voilà donc républicains, et nous vivons par conséquent sous le gouvernement le plus infâme et le plus cruel, le plus ignoble et le plus oppresseur qui se soit vu de mémoire d'homme. Nous fléchissons sous la verge honteuse de quelques misérables, gras d'incapacité et de souillures, corrompus, corrupteurs, renégats, flétris par l'opinion publique, qu'ils ont jouée et bafouée indignement pendant une farce drolatique de quinze ans, ramas de conspirateurs sans cœur et sans âme, qui sont venus avec insolence, après les journées de Juillet, parce qu'ils étaient sûrs de l'impunité, vendre en public à un roi de leur choix, à eux seuls, le fruit du sang d'un peuple entier, qu'ils avaient volé, son indépendance. Mais quel est donc leur appui à ces hommes si redoutables que nous ne puissions les renverser sur le champ d'un trône qui n'était point fait pour eux, et sur-le-quel ils ont tant de peine à se tenir en équilibre? N'est-il véritablement que cette aristocratie bâtarde qui a cru la France régénérée dès qu'on lui eut réoctroyé la permission de retourner, bariolée de rouge, de bleu, de jaune, embarrassée d'armes dont elle ne sait point se servir, parader gauchement sur les boulevarts, et, le sac au dos, jouer au soldat comme les enfans font à la chapelle dans certains jours de l'année? Honte alors sur nous et notre postérité, si nous les supportons plus long-tems. Appelons le peuple sur la place publique, et crions-lui: ce gouvernement despotique que nous détestons parce qu'il nous pressure et nous persécute au-dedans et nous fait un objet de risée pour nos voisins, ce gouvernement usurpateur pour lequel le mépris général semble être comme le balancier aux mains du funambule, auquel plus il est lourd plus il donne d'aplomb, l'heure de l'étouffer dans tes bras d'Antée est venu; tu nous connais, nous sommes tes amis, tes frères; nous n'aspirons qu'à ta gloire, qui sera la nôtre, et à la confusion des lâches qui nous ont trahis jusqu'à présent, et puisqu'ils nous y contraignent, recommençons 89.

Poursuivons, en admettant toujours que le peu-

ple, ou plutôt les classes ouvrières qu'il faut absolument isoler à cet effet du reste du peuple, admettons que le peuple s'arme pour nous seconder ,
malgré l'énorme différence qui se ferait déjà remarquer entre les deux points de départ ; car ici ce serait la force brutale, rien que la force brutale des
masses , là c'était six cent vingt et un hommes
seulement , revêtus par la loi d'un caractère sacré ,
à l'élection desquels six millions de citoyens avaient
concouru, et mandataires de toute la France, et
nous ne parlons que des représentans des communes. C'était donc 621 hommes qui venaient réclamer les comptes arriérés qu'on leur devait depuis cent soixante-quinze ans que les états généraux
n'avaient été assemblés , et pour prix des sacrifices nouveaux qu'on implorait de leur patriotisme ,
demander la concession des droits sans lesquels on
a peine à comprendre aujourd'hui comment il se
pouvait faire qu'ils vécussent en sécurité. Ils embrassaient l'abolition des priviléges , l'allègement
des impôts qui pesaient sur le peuple pour la plus
grande gloire des prêtres et des nobles , la participation de tous aux emplois et aux charges de l'état,
la liberté individuelle, la liberté religieuse , celle
de la presse ; une constitution enfin, c'est-à-dire
un acte public et juré pour tous, qui garantit le
nouveau marché. Ils auraient tout obtenu du bon
Louis, de celui qui avait inauguré son règne par
l'abolition de l'esclavage dans ses états, et avait su

jusques là se concilier l'amour des Français, si ce monarque infortuné avait eu la force de résister aux perfides suggestions de ses parens et de ses conseillers. Sa conduite douteuse avait éveillé des inquiétudes au sein de l'assemblée nationale qui décréta l'inviolabilité de ses membres, et dont une partie, qu'avait exaltée la prise de la Bastille, ulcérée au cœur par la fête sacrilége donnée à Versailles le 1er octobre, déborda bientôt le reste au milieu de ses travaux, et traînant sur ses pas le peuple affamé par la ruine du commerce, fruit amer des guerres civiles, courut demander la bourse ou la vie à la royauté.

Non, nous ne voulons point, prenant acte du reproche banal de soif de pillage et de meurtre que jette chaque matin la presse dite ministérielle au front de ses antagonistes en réponse à ses récriminations déclamatoires, entrer de moitié dans ses fureurs comme dans ses affections de commande. Résolus à faire toutes les concessions, nous avouerons même, quoiqu'il doive en coûter à nos convictions et à notre bon sens, que nous envisagerons la révolution de 89 absolument comme les républicains. Avec eux, nous ne croirons pas que les héros de ce drame à jamais mémorable et terrible aient été des scélérats réfléchis ; mais nous assurerons que les circonstances, les péripéties imprévues qui les éteignirent de toutes parts, ont faussé leurs intentions, et contraint leur volonté à prendre une direction qu'ils déploraient eux-mêmes. Et à notre avis , au lieu d'une conclusion mesquine et presque stérile de moralité pour la vie de ces hommes qu'on ne pourrait alors considérer que comme des phénomènes bizarres et monstrueux , jettés sur la terre par la nature dans un jour d'humeur capricieuse , une leçon d'une morale poignante en surgira si l'on peut dire : ce Robespierre , cet homme doux , chaste , sobre , désintéressé , cet homme intègre et vertueux par essence, cet homme qui éleva un des premiers sa voix en faveur de l'abolition de la peine de mort en France, envoyé par la confiance de ses concitoyens à l'assemblée nationale où, seul, il s'éleva un jour avec courage contre la proclamation de la loi martiale qu'il considérait comme un attentat à la liberté , Robespierre mourut jeune sur l'échafaud , après s'être couvert du sang de plusieurs millions d'hommes. Et l'on n'en devra accuser que l'entraînement des passions révolutionnaires , car contre la nature , on ne peut se mettre en garde , tandis qu'on peut empêcher les hommes de nuire , en ayant soin de toutes parts de s'armer contre leur provocation au retour de circonstances qui ont lancé au pouvoir ceux qu'ils veulent imiter , malgré l'épouvante et l'horreur que nous a légué leur souvenir.

Oui , Robespierre est un type , le vrai , le seul du républicain vraiment pur. Admirateur de J.-J. Rousseau jusqu'à l'adoration , la lecture de ses ouvrages avait brûlé son imagination ; rempli de respect et d'amour pour le peuple , il s'était fait un culte de sa mission. Toute apparence de résistance à ses vues pleines de droiture, excitaient dans sa poitrine des crispations de désespoir ; et, bien que peu éloquent, d'une petite taille et d'un abord sec, et austère, il y avait tant d'apparence de patriotisme et de conviction profonde dans son âme, que ses avis étaient presque toujours partagés par ses collègues. Les plus fougueux s'en emparèrent, dès qu'ils l'eurent apprécié, et s'en firent une cocarde. De ce moment, il fut le chef, l'organe, le tribun de la montagne, qui lui resta fidèle et périt avec lui au neuf thermidor. C'est alors qu'il se crut décidément appelé par une puissance surnaturelle à mettre en pratique les théories des idéologues, qui avaient opéré si soudainement ce terrible bouleversement dans les mœurs du siècle, à réaliser à tout prix les rêves de l'élève de la nature, oublieux de sa maxime la plus vraie, que la meilleure liberté ne vaut pas le sacrifice d'une goutte de sang. Tout ce qui portait un cœur frénétique de liberté, resserré avec lui dans un cercle plus étroit, depuis que la différence des vues, ou des moyens à employer pour arriver au même but, avait fait une scission dans l'assemblée, n'en devint que plus délirant. L'émigration des princes, celle d'une partie de la noblesse, les accaparemens faits à l'instigation de ceux-ci pour achever de ruiner la cause populaire, et surtout la fuite du roi les exaspérèrent et provoquèrent toutes les lois d'exception, et toutes les horreurs de 93. La liberté a son ivresse et, comme celle du vin, cette ivresse rend l'homme stupide et féroce, nous en traçons un affreux exemple.

Le 11 juillet, la patrie est déclarée en danger à la nouvelle du manifeste furibond, lancé de Coblentz par le duc de Brunsvick, généralissime des troupes autrichiennes et prussiennes, à la sollicitation des comtes de Provence et d'Artois ; et l'arrivée des bataillons sans nombre de volontaires accourus à Paris de tous les points de la France, y augmenta la fermentation et l'irritation des esprits à un tel point, qu'après le sac du château et la fuite du Roi au sein de l'assemblée, ce ne fut point la pitié pour une si grande infortune, mais une circonstance fortuite qui empêcha Martin de Thionville de poignarder Louis XVI dans la tribune qu'on lui avait dit être un asile sacré.

Une puissance, rivale formidable, s'élevait tout-à-coup à côté de l'assemblée, la commune, qui s'était recrutée des plus fanatiques démagogues qui ont illustré cette époque, trop fameuse, et parmi lesquels marchait le premier Danton, le Mirabeau des faubourgs, ce ministre de la justice qui disait à ses collègues du comité de salut public, quand le bombardement de Verdun frappa toute la France de stupeur : si vos défenseurs succombent, la perte de la France et la vôtre sont certaines; mon avis est que, pour déconcerter les mesures des royalistes et arrêter l'ennemi... il faut faire peur aux royalistes.— Et qui s'écriait encore, après la prise de la ville, et quand Paris croyait l'ennemi à ses portes, pour les arrêter et les vain-

cre, que faut-il? de l'audace! De l'audace! et toujours de l'audace! C'était le 2 septembre!!! Et six
jours après, il embrassait les égorgeurs et les réha-
bilitait à leurs propres yeux ahuris des crimes qu'ils
avaient vu commettre par ces paroles complices
de tant d'excès : Citoyens, vous avez sauvé la patrie, le ministre de la République vous remer-
cie.

La Gironde, dont cent-vingt heures d'une bou-
cherie continuelle, sans que la nuit n'arrêtât ni les
juges ni les bourreaux, avaient dessillé les yeux, com-
posée qu'elle était de partisans consciencieux aussi
de la république dans le principe, mais n'apercevant
aucune possibilité de donner à ce gouvernement une
existence durable, voulut arrêter le torrent révolutionnaire, rétrograder peut-être. Quoiqu'il en soit,
elle tenta une démarche, dont l'imprudence eut
pour effet la proscription de la royauté et la sienne.
Elle s'attaqua, corps à corps, au parti obstiné à tout
sacrifier à son idée fixe; mais elle fut vaincue, et
toute haletante encore de la lutte, la montagne exi-
gea le jugement du Roi, et Danton l'apostropha
ainsi, quand elle essaya de faire entendre quelques
observations : « Nous ne jugerons pas Louis Capet;
» nous le tuerons. » Et Robespierre compléta la
phrase, en ajoutant cette horrible maxime : « Il n'y
a que les morts qui ne reviennent pas. » Ils voulu-
rent être logiques jusqu'au bout.

Les Girondins furent décrétés d'arrestation ; plusieurs parvinrent à s'enfuir, et allèrent organiser

leur défense dans le Calvados. Caen, Evreux se prononcèrent d'abord en leur faveur. La Bretagne se joignit à eux. Lyon, Bordeaux, Marseille, eurent aussi leur insurrection. Les royalistes, ardens à saisir toutes les occasions d'ébranler le gouvernement nouveau, réunirent leurs forces à celles de la Gironde, et une armée se forma, dont le noyau était à Lyon, prête à marcher sur Paris, donnant à la France le spectacle monstrueux d'une alliance de républicains et de royalistes, c'est-à-dire d'hommes dont les principes leur imposaient, en apparence, l'obligation d'une guerre de proscription et d'anéantissement. Pendant ce temps-là, les Vendéens triomphans remportaient de nouvelles et importantes victoires ; ils avaient pris Bressuire, Argenton ; ils s'emparèrent de Saumur et d'Angers, et se disposèrent à faire subir le même sort à Nantes.

Affaiblie par ces luttes intérieures, menacée au Nord et aux Pyrénées, par la coalition ; au centre, par les Lyonnais ; au midi, par les Marseillais ; dans l'ouest, par les Vendéens et la Gironde, la Convention pouvait s'effrayer, à bon droit, d'une position si critique. Elle tint ferme et fit face à tout. « La République n'est plus qu'une grande ville assiégée, disait Barrère ; il faut que la France ne soit plus qu'un vaste camp. » Elle improvisa douze cents mille combattans, et la loi des suspects fut décrétée. La loi des suspects, et celle qui prononçait la confiscation des biens des condamnés au Tribunal révolutionnaire, et celle qui la prononçait contre ceux qui avaient espéré conserver leur fortune à leurs enfans par un suicide, et tant d'autres! Tant il est vrai de dire que, dans la route sanglante où elle s'était engagée à chaque nouveau péril qui la menaçait, l'idée de sa conservation plutôt encore que la fatalité, la contraignait de compromettre davantage les masses avec ses ennemis, afin de retremper leur énergie en ne laissant de recours à personne que dans la victoire. Mais, en guerre civile, ce calcul de politique d'antropophages, ne pouvait, au bout du compte, que retarder sa chute et jamais la sauver. Toutefois, en peu de temps, sa fortune changea. Les insurgés du Calvados, rencontrés à Vernon par les troupes républicaines, s'enfuirent. Carteaux dispersa ceux du midi. Les Vendéens, livrés aux colonnes infernales de Thurreau, chassés de Nantes, abandonnèrent en outre Saumur et les autres villes tombées en leur possession. Kellermann s'empara de Lyon, qui fut mitraillée et ses édifices démolis; Toulon éprouva à peu près le même sort, quand, après avoir appelé les royalistes qui, à leur tour, y appelèrent les Anglais, il retomba au pouvoir des républicains. Et le système de vengeances logiques du gouvernement ne s'arrêta pas encore. Le 16 octobre, Marie-Antoinette, le 31, vingt-huit Girondins, et bientôt après Me Roland, Bailly, et tant d'autres, marchèrent à la guillotine, et attestèrent que la violence et le sang ne coûtent plus aux hommes jetés hors de leur sphère, hors de leur route naturelle, de leur état normal, quels que soient leurs antécédens, souvent si honorables, quand, sur le point d'être désillusionnés peut-être, ils croient encore voir un moyen de faire triompher leur cause dans la violence et dans le sang.

Bientôt cc parti furieux se déchira lui-même le sein. Danton, Lacroix, Bazire, Camille Desmoulin, Wertermann, ce prussien qui commandait le peuple au 10 août, Delaunay, Philippeaux, Hérault de Séchelles, tous fermes soutiens du régime de la terreur, furent livrés aux bourreaux de Fouquier Thinville ; Robespierre les avait soupçonnés d'être suspects. Et il faut le répéter encore, la contre-révolution est flagrante à chaque page de cette sanglante histoire. C'est elle qui, pour jeter la mésintelligence, la désunion, le désordre parmi ses ennemis, qui lui devenaient de jour en jour plus formidables, les poussait à ces excès inouïs, si peu en rapport avec leurs plans et leurs habitudes de la veille qu'ils durent reculer d'horreur plus d'une fois avant d'en décréter l'urgence, comme ils eussent fait d'une loi salutaire. Les accaparemens, le maximum, le discrédit des assignats, les conspirations permanentes, organisées jusques dans les prisons, malgré la surveillance farouche qui les explorait sans cesse, furent les résultats de ses manœuvres occultes et tinrent toujours la république en haleine, en la suspendant à chaque instant de jour et de nuit sur le bord d'un volcan dont le cratère, en s'entrouvrant, menaçait de l'engloutir. Et cette lutte à mort, impolitique et sacrilége dont la convention devint enfin le théâtre ne doit être attribuée qu'à elle, à elle seule. Le fanatisme de la liberté est une passion qui sèche tous les autres sentimens au cœur de l'homme en altérant sa raison, et conséquemment brise tous les liens sociaux entre les citoyens. Quand il ne faut que des soupçons pour tuer, le torrent a bientôt tout envahi et tout ravagé. S'il n'en était pas ainsi, la convention aurait-elle poussé jusques-là l'absurdité de ses théories? n'aurait-elle point vu le piége que des traîtres lui tendaient et qui avait pour but, en lui faisant porter, de ses propres mains, une atteinte criminelle au caractère sacré dont ses membres étaient revêtus, de détruire le prestige qui l'avait entourée de respect, d'effroi et d'admiration; de la discréditer et de la perdre dans l'esprit de ses concitoyens qu'elle habituait ainsi à la regarder en face, qu'elle autorisait à douter de sa sagesse et de ses mérites. Et ce qui vient victorieusement à l'appui de cette opinion, c'est la scission nouvelle qui se déclara tout-à-coup dans cette assemblée, au moment où un régime plus modéré allait succéder à cet épisode effrayant d'une guerre d'extermination, scission, par ce fait seul, tout à fait incompréhensible. En effet, les assassinats juridiques, non seulement n'étaient plus rigoureusement nécessaires, mais ils étaient devenus tout à fait inutiles, si non même dangereux. On verra par cet extrait d'un rapport de Collot d'Herbois en mission à ville affranchie, que le peuple était tellement démoralisé que la mort n'avait plus rien qui pût l'effrayer ou l'étonner. Au contraire, il semblait que ce bouleversement social avec

2

lequel l'oeil le plus habile, l'esprit le plus clair-voyant n'entrevoyaient aucun moyen d'en finir, avait détruit cette idée que la nature imprime la pre-mière à sa créature, l'idée de sa conservation. « La guillotine, la fusillade ne vont pas mal; soixante, quatre-vingt, deux cents à la fois sont fusillés, et tous les jours on a le plus grand soin d'en mettre de suite en état d'arrestation pour ne pas laisser de vide aux prisons. Mais ces exécutions ne font pas tout l'effet qu'on en devait attendre; elles semblent plutôt avoir inspiré une sorte d'indifférence pour la vie, si ce n'est tout à fait le mépris de la mort. On m'a rapporté qu'hier un spectateur, en revenant d'une exécution, disait froidement : cela n'est pas trop dur. Que ferais-je bien pour être guillottiné?.. on peut insulter les représentans... Voyez combien de telles dispositions peuvent devenir dangereuses dans une population énergique! « Quelle différence de style avec celui qu'on employait huit mois auparavant: «Sans-Culottes, mes amis, un second 31 mai vient d'éclater, la convention nationale vient de prendre encore une médecine: elle a purgés on sein du reste de la bande des Capet, des Dumouriez, des Custine et des La-fayette, qui étaient devenus paralitiques en appa-rence et qui tramaient en arrière la perte de la République, et voulaient nous faire égorger. Sans-Culottes, mes amis, réjouissons-nous; les conspira-teurs sont découverts tous les jours et arrêtés; les quatre sections du tribunal révolutionnaire vont aller vite en besogne, et nous aurons fort souvent des têtes à la lucarne patriotique; » (Ducos, *l'ami des Sans-Culottes*).

La contre-révolution trembla que, par une réaction dans leur système de gouvernement, les conventionnels ne ralliassent les masses et que, parvenant à étancher ces fleuves de sang qui avaient innondé la France pendant plus de deux ans, ils ne finissent par faire jurer à tous un oubli général du passé, et par anéantir ainsi toutes leurs espérances de retour. Elle fit donc tant qu'elle parvint à rallumer avec une récrudescence d'énergie les haines fougueuses de quelques-uns de ces fanatiques insensés. Robespierre, pour la troisième fois, mais avec plus de succès, fut accusé d'aspirer à la tyrannie. En vain, trouvant sa défense toute prête et dans ses principes et dans sa conduite, il voulut monter à la tribune et répondre aux motions révoltantes de Tallien et de Barrère, qui, entr'autres crimes, lui reprochaient de n'avoir jamais aimé sincèrement Marat, inhumé alors au Panthéon. En vain Lebas, Saint-Just et Robespierre jeune, ses véritables séides, protestèrent de toutes leurs forces contre la violation du droit qu'il avait de se défendre ; la majorité, étourdie du coup qu'elle venait de frapper, et craignant de perdre un moment qu'ils auraient pu mettre à profit, en en appelant à la populace dont une partie les adorait encore, les décréta sur-le-champ d'arrestation, et tout d'une clameur les mit hors la loi. Alors leur règne finit. L'appui d'Henriot, à la tête de ses troupes, et de Fleuriot, maire de Paris, ne servit qu'à prouver, d'une façon plus éclatante et plus cruelle pour eux, combien peu l'on doit compter sur les hommes de parti, dans les masses, quand la défection ne doit pas nécessairement entraîner leur ruine immédiate. Les canonniers refusèrent de tirer sur la convention, et le lendemain, 9 thermidor (28 *juillet*), ils furent traînés à l'échafaud, tout mutilés par la frayeur de leurs ennemis, qui redoutaient qu'à leur aspect le peuple ne sentît se réveiller son amour, et ne voulût pas souffrir qu'on brisât ses idoles. Le peuple les laissa tuer, et il fut encore trompé dans son attente. Il avait droit d'espérer, pour prix de ce qu'il considérait comme un sacrifice, d'exiger le terme de tant de maux et de funérailles.

Plus lâches que ceux qu'ils venaient de renverser, parcequ'ils étaient moins énergiques et moins convaincus; plus sanguinaires, parce qu'ils n'avaient pas l'excuse des *circonstances impérieuses;* mais, instruits par l'expérience que le meurtre est la seule arme vraiment sûre en temps de guerre civile, les thermidoriens ne firent que recommencer et prolonger le règne de la terreur, uniquement par peur pour eux. Cependant l'emploi de cette arme, avec laquelle Robespierre, à la tête de la Montagne, sauva, dit-on, plusieurs fois la patrie de la coalition européenne qui la morcellait déjà, quoiqu'on n'ait point encore détruit la conviction que nous ont léguée ces mots, écrits par Roland au moment où il se donnait la mort à Rouen : « Ces massacres ne peuvent être inspirés que par les plus cruels ennemis de la France. Ils auront bonne composition d'un pays dont on aura fait fuir les meilleurs citoyens. » L'emploi de cette arme , dont ils se servaient , en des jours plus calmes , avec un sang-froid atroce , ne contribua qu'à les démasquer tout-à-fait. Et cette *jeunesse dorée* , qu'ils opposèrent aux clubs et qui insultait audacieusement aux sympathies du peuple , en affectant de porter en public l'uniforme et les couleurs de la chouannerie , et ces *compagnie de Jésus et du Soleil*, qui parcoururent le midi en bandes d'assassins , toutes composées de *ci-devans* et de prêtres réfractaires , qui commettaient les crimes les plus affreux , dont ils comptaient dissimuler la hideur par le mot de represailles , et que les thermidoriens ne réprimèrent pas, les vouèrent à leur tour non-seulement au mépris, mais à l'exécration de la France. Elle se couvrit la tête d'un voile noir en signe de désespoir et de cuisans regrets et attendit, résignée, le moment où cette assemblée aurait terminé la constitution , dont la proclamation devait faire expirer son mandat.

Le 20 fructidor, force fut enfin à la Gironde d'abandonner les rênes de l'Etat. Toutefois, comprenant combien était terrible le gouvernement de tous, combien il devenait nécessairement sanguinaire, par le choc de tant de passions et d'intérêts qui s'y trouvaient continuellement en présence et s'y froissaient sans relâche, elle voulut prévenir le retour de ces jours de calamités qui avaient vu la

France se débattre convulsivement dans une mor-
telle agonie , en même temps que déjouer les projets
des réactionnaires royalistes, qui les avouaient haute-
ment, depuis que, connaissant la nouvelle constitution, ils ne doutaient plus que la fortune ne dût
bientôt les rappeler au pouvoir. En effet, on avait
imposé aux électeurs des conditions telles, que les
assemblées primaires et électorales se trouvaient
fermées à la multitude. Mais aussi, le 13 fructidor,
la Convention nationale, avant d'abdiquer son au-
torité, décréta que les deux tiers des membres à
élire seraient pris dans son sein. Cette mesure ,
quoique sage, ou à cause de cela même qu'elle était
sage , ce qui paraissait un contresens à cette époque,
cette mesure ne put obtenir les suffrages d'aucune
des factions qni divisaient le peuple et se l'arra-
chaient tour à tour pour le décimer. Elle leur servit
de prétexte pour relever l'anarchie , tombant de
guerre lasse, le 15 vendémiaire, où ce soldat,
dont la gloire colossale remplit depuis le monde d'é-
tonnement et de stupeur, fit ses premières armes
contre ses concitoyens.

Ainsi disparurent les derniers débris de la Convention nationale, de cette redoutable représenta-
tion d'un peuple pressé d'être libre qui, réunie
pour faire des lois, fut poussée par une cruelle fatalité dans la voie périlleuse des révolutions, où, saisie
tout-à-coup par un vertige funeste, elle prit la force
pour le droit, la violence, pour la justice, la licence,
pour la liberté, l'anarchie pour la souveraineté po-

pulaire, et la terreur pour la défaite de ses ennemis. Mais, forte de la pureté de ses intentions, elle
ne trébucha pas dans le sang qu'elle répandit; in-
vulnérable aux remords, elle brave encore le jugement de la postérité. Et tout en accordant, si l'on y
tient, que ce jugement sera plus juste que celui de
ses contemporains et des gouvernemens qui lui suc-
cédèrent, trop intéressés à la faire exécrer pour en
connaître sainement et prononcer sans envie ou sans
colère de ses actes souvent admirables, ne peut-on
mettre en question et le parti qu'aurait embrassé le
peuple, si on eût pu lui prédire tout ce qui est ar-
rivé depuis la convocation des états-généraux jusqu'en 1830, sans prétendre à résoudre le problême;
et mieux, si la civilisation n'en serait pas au même
point qu'on la voit aujourd'hui sans le concours de
tant d'événemens effroyables, qui n'ont fait, à coup
sûr, que la refouler au néant, pendant plusieurs années, avec l'humanité, sa sœur. Que la liberté, sui-
vant l'expression de Mirabeau, soit une prostituée qui
n'accorde ses faveurs que sur des monceaux de cadavres, à la bonne heure. Y aurait-il alors timidité pué-
rile à la redouter, crime à la combattre, endurcissement
à n'en pas vouloir, de celle-là? A lui en préférer une
autre, la civilisation? Celle-ci, vierge pure et chaste,
ne marche qu'à pas timides, il est vrai; mais elle
conduit les hommes par la main à un bonheur plus
durable et plus vrai, celui du foyer domestique.
Mais qu'on n'essaie plus de la faire avancer plus vîte
en la fouaillant comme un cheval de poste, c'est l'as-

sassiner ; voilà ce qu'a fait et ce qui perdit la Convention.

La révolution ne finit pas avec elle. Toutefois, devenue moins intense, moins farouche sous le directoire, elle laissa le peuple se reconnaître et respirer à peu près jusqu'au 18 fructidor, jour arrêté par les aristocrates obstinés qui avaient eu le talent de se faufiler inaperçus dans les conseils des Anciens et des Cinq-Cents, résolus de profiter d'un moment de torpeur, bien facile à comprendre après une si longue suite de jours désastreux, et de réaliser leur rêve si cher et si constant, le rappel du despotisme et de l'émigration qui leur promettait en retour de tant de persévérance et de sacrifices, un si bel avenir. Mais ils furent encore vaincus. Une loi de déportation fut décrétée, qui envoya à Synnamary 53 députés, un grand nombre de journalistes et beaucoup de citoyens frappés d'ostracisme ; loi qui ne fit que prouver une fois de plus qu'il n'y a jamais eu de révolution ou de réaction sans une terreur. Et puis la démocratie, réduite au silence jusques là, se releva plus altière et, après bien des efforts pour lui résister, le directoire céda et fut recomposé, le 30 prairial an XII, d'hommes nouveaux par lesquels les démagogues et les républicains modérés furent seuls représentés. Et puis le 18 brumaire arriva, et puis le Consulat, et puis l'Empire ; et si la révolution parut terminée, le sort du peuple n'en fut pas amélioré pour cela. Long-tems enivré de la gloire de cet homme qui avait monté sur le

trône en passant au galop sur le ventre à la liberté ,
il parvint à s'aveugler sur ce que sa position avait
de déplorable , et ce ne fut qu'aux évènemens de
1814 et de 1815 , tant prévus d'avance parce qu'ils
devaient être la conclusion inévitable de cette ambition démesurée , qu'une affreuse réalité l'éclaira.
Il sentit amèrement alors que la gloire n'est pré-
cieuse qu'autant qu'elle peut être durable, et qu'est-
ce qu'il lui resta de la sienne , que le spectacle
douloureux de l'invasion étrangère , et le souvenir
plus douloureux encore des braves de la grande armée dont les cadavres ont réchauffé pour long-tems
les plaines infertiles de la Russie.

Le régime impérial est le seul sur lequel les contemporains peuvent porter un jugemeut dégagé de
toute passion , parce qu'il est le seul dont il ne reste
aucun vestige capable d'émouvoir, au cœur de qui
que ce soit , une fibre sensible au dévoûment
comme à la haine. Despote égoïste, Napoléon parut
enflammé de l'amour de son pays qu'il séduisit , tout
en lui imposant le joug le plus humiliant, le joug du
sabre substitué au joug des lois, mais c'est qu'il se disait aussi la France , *c'est moi*, qu'il s'était identi-
fié avec elle , voilà tout. Quand à la balance dans
laquelle on pèse le bien et le mal qu'il a pu faire ,
nous n'hésiterons pas à dire que le mal l'emporte
de beaucoup , puisque c'est lui qui nécessita ,
c'est le mot , le retour des Bourbons, accourus à
pas de loup derrière les caissons des Basquirs , et
sous lesquels dans les premiers jours un publiciste

écrivait que le peuple se crut heureux de se vau-
trer dans la servitude. Or sans invoquer la possibilité de la concurrence avec lui d'un homme dévoré
des mêmes passions et doué du même génie, ce qui
eut amené infailliblement la fin du monde, tout en
le rangeant au nombre des plus grands capitaines
de l'antiquité en compagnie desquels nous l'aimons
mieux que chez nous, nous n'hésiterons pas à sou-
tenir qu'il fut une plaie, un fléau, un choléra-mor-
bus pour la France.

Et sans aller plus loin, demandons-nous, jésui-
tisme à part, quel rôle jouait le peuple dans cette
horrible tragédie? De quel parti était-il le protégé,
le soutien ou la victime? Jetons un nouveau coup-
d'œil en arrière, et voyons si les époques ou les circonstances ne viendront pas éclairer notre religion.
La France en 89 se divise en deux camps, les aristocrates et les patriotes. Après une courte lutte ces
derniers, vainqueurs, signalent leurs premiers triom-
phes par des assassinats qui jettent une terreur su-
bite dans les rangs de leurs adversaires. L'émigration commence. De ce moment nous accordons
que le peuple ne comprit que ce qui restait fidèle
au sol de la France. « Partir! s'écriait Danton menacé
de mort par la haine de Robespierre quand, terro-
riste, il fut lui-même contraint de combattre des
principes sanguinaires sur lesquels aucun système
gouvernemental ne pouvait être établi : Ceux qui
sont partis sont des infâmes....Partir! On n'emporte
pas sa patrie à la semelle de ses souliers! » Toujours

aveugle et exagéré, il ne comprenait pas qu'on pût s'exiler sans, nouveau Coriolan, se mettre à la tête des Volsques. Il resta. Est-ce un acte de démence ou de grandeur d'âme? Y a-t-il courage à attendre, à braver un péril imminent? Y a-t-il lacheté à fuir devant des bêtes féroces? Oui, flétrissure éternelle à ceux qui ont tendu une main sacrilége aux ennemis de la patrie, toute cruelle qu'elle était envers eux, qui ont touché la solde de Pitt et Cobourg, qui ont conspiré contre elle l'acharnement de ses ennemis et, sous les drapeaux d'un Condé, lui auraient porté des coups mortels, si leur manque de courage et de vertu ne les avait pas rendus en peu de temps la fable de toute l'Europe. Voilà surtout ce qui sauva la République, plutôt même que l'énergie de ses fils incessamment aiguisée par tant d'épreuves différentes, c'est le mépris des alliés pour ce qu'ils appelaient la noblesse de France, mépris qui engendra le refroidissement, et fut cause du plan de campagne arrêté par la coalition, de ne s'avancer que lentement, moins décidés à l'attaque qu'à la défense. C'est un fait avéré que si les rois étrangers n'avaient pas redouté pour eux l'envahissement des doctrines proclamées par le gouvernement français, toute hostilité aurait bientôt cessé. Ils auraient attendu avec calme l'accomplissement de l'anathême prophétique jetté à la face de la convention par un de ses membres, Boyer Fonfrède, lors de l'établissement du tribunal révolutionnaire. » Vous le voulez, s'écria-t-il, cet exécrable tribunal; eh bien! Décré-

tez-le donc, et puisse-t-il être pour vous comme le
fourneau de Phalaris qui consuma ses inventeurs. »
Mais ne nous appesantissons pas sur les prouesses
avortées des *voltigeurs* de cette armée parricide
qui croyait pouvoir sans crime se venger de son
pays. Nous ne pourrions pas conserver notre
sang-froid vis-à-vis de l'opposition d'aujourd'hui qui
élève comme un trophée, un palladium de son parti, M. Voyer d'Argenson, membre de la chambre
des Députés, et l'un des plus chauds partisans du
système de la souveraineté populaire, dont il a pu
faire sans doute l'apprentissage dans les rangs des
persécuteurs des brigands de la Loire. Ne voulant
point descendre à la personnalité qui nous con-
duirait trop loin, car il y a matière sur-abondante,
reprenons notre recherche sur la place qu'occupait le
peuple pendant cette révolution ayant pour devise
liberté, égalité, indivisibilité, fraternité ou la mort,
qu'on lui apprit à traduire ainsi, pillage, incendie,
délation, proscription, assassinat, confiscation, a-
néantissement pour tous ceux qui opposeraient ou
seraient soupçonnés ou accusés seulement de vouloir opposer quelque résistance à des idées arrêtées
par quelques-uns, c'est-à-dire en d'autres termes,
bride lachée à toutes les passions. Mais le peuple
n'était pas seulement à Paris, derrière la commune
et le club des Jacobins, pour prendre la Bastille et
les Tuileries; pour se prosterner devant Lafayette
qui le fit sabrer en 91, et qu'il brûla en effigie
en 93, faute de mieux; pour tremper ses mains

dans le sang chaud du *Tyran*, et mettre les suspects à la lanterne. Le peuple était aussi dans la Vendée avec les royalistes, dans le midi avec les Girondins, à Nantes, à Nismes, à Lyon, à Marseille, à Arras, à Beaupreaux, à Toulon, à Bordeaux, à Avignon, à Toulouse, etc., etc., etc., où des proconsuls cannibales portèrent le carnage et la dévastation tant de fois. Enfin le peuple était partout pour souffrir le premier, bien qu'on se battît de toutes parts dans son intérêt unique. Aveuglement! Dérision!

De cet exposé rapide de quarante ans de révolution, retournons à ce système renouvelé du bonheur commun du tribun Gracchus-Babeuf, et examinons consciencieusement la question de la misère du peuple, puisque peuple il y a, c'est-à-dire des prolétaires, et les moyens les plus efficaces pour y mettre promptement un terme. Le travail et l'instruction, sans contredit, sont les premiers élémens, la base essentielle, la condition *sine quâ non* pour arriver à ce résultat; et sans nous appesantir sur cette vérité, trop bien sentie pour cela que la paix est la source unique où l'on puisse les puiser, avant de formuler la réponse du peuple aux provocations continuelles de tant de gens qui l'adorent, *le front dans la poussière*, et ne veulent que son bien et tout son bien, analysons un peu les vrais principes de la liberté, mais de la liberté comme nous l'entendons aujourd'hui; car, à travailler pour les générations futures, il y a erreur, folie et perte de temps. Le temps use les mœurs, et les hommes changent les vieilles, lois, sans aucun compte du mal qu'elles ont donné à leurs pères, qui les avaieut considérées pourtant comme des actes de haute sagesse et de prévoyance. Tous les hommes sont égaux; voilà toute la nôtre. Mais, comme ils ne le sont ni en taille, ni en force, ni en intelligence, ni en industrie, ni en talens, ni en passions, tous mobiles certains de la fortune, il s'en suit naturellement qu'ils ne le peuvent pas être non plus en richesse, et que l'égalité consiste seulement dans un même droit pour tous à la protection des lois qui régissent la société dont ils sont membres et doivent garantir à chacun sa vie et sa propriété, c'est-à-dire l'exercice plein et entier de ses talens, de son industrie, de sa force, de toutes ses facultés physiques, morales et intellectuelles ; la jouissance paisible du résultat de ses efforts en tant, toutefois, qu'il n'emploiera pas ses moyens à attenter à la vie et à la propriété d'autrui et à la charge par lui d'apporter la même somme de protection dans la protection commune qui doit maintenir le bon ordre et l'harmonie entre les associés intéressés au maintien de ces lois. La civilisation n'étant qu'une obligation mutuelle de se protéger les uns les autres contre toute tentative d'oppression au-dedans comme au-dehors d'une société, celui-là qui cherche à se soustraire aux obligations que cette condition impose, est un homme que les plus sévères lois devraient frapper, car c'est un homme immoral. De plus, il n'entend pas la liberté. La vraie liberté lui donne la faculté de chercher une autre société, une au-

tre patrie; s'il demeure il devient nuisible et doit être
mis hors la loi, n'ayant plus de droit à sa protection
du moment où il a brisé son serment de lui obéir.
C'est une ligue défensive de tous contre un plus fort
qui pourrait venir tout à coup et partant un partage
égal dans le bien-être qu'elle assure comme dans les
devoirs qu'elle impose. Dans l'état de nature les droits
de l'homme paraissent indéfinis et ils ne sont qu'illu-
soires à vrai prendre, sans cesse contrariés qu'ils sont
l'un par l'autre ou rendus sans effet par la faiblesse
des moyens de chaque individu isolé pour lutter seul
contre les obstacles de toutes sortes. Dans cet état,
tout appartient au plus fort, tout est subjugué par
lui; il n'y a donc ni liberté, ni propriété, ni moyen
de résister à l'oppression. Mais, disait Rabaut de
St-Etienne, il ne suffit pas d'avoir des lois, il faut encore veiller à leur exécution et au maintien de l'ordre qui en est la suite, il faut donc un gouvernement
auquel le peuple confie le pouvoir qu'il ne peut exer-
cer lui-même. La nature a mis dans le cœur de
l'homme, le désir, le besoin impérieux du bonheur.
L'état de société politique le conduit vers ce but
en réunissant les forces individuelles pour assurer le
bonheur commun. Le gouvernement est le mode
d'activité choisi par chaque société pour diriger l'emploi de la force publique vers cet objet. Un gouvernement doit donc être constitué; de telle manière
seulement qu'il ne puisse blesser les droits du ci-
toyen puisqu'il n'est établi que pour le protéger.
« Or, depuis quarante ans *treize* gouvernemens se

sont succédés, tous appelés par la volonté de la na-
tion, assuraient du moins ceux qui les ont élevés et
soutenus, et tous sont tombés les uns sur les autres,
ne laissant à la France, après leur chute, que des
pages ensanglantées pour son histoire, et pourtant
ce n'est pas que le peuple fût tout à fait un instru-
ment passif qui servit de véhicule aux factions pour
les conduire au pouvoir. Plusieurs furent en-
tourés de ses hommages et de son amour. Nous ne
craindrons même pas d'avancer qu'il n'y en à pas
un seul qui ne rêvat le bonheur général d'où
dépendait non seulement sa conservation mais son
salut, sans doute avec des vues et des idées différentes, et qu'il n'y en a pas un encore aujourd'hui qui
n'ait le droit de prétendre, le moyen de prouver
peut-être qu'il y fut parvenu sans les obstacles dont
on prit à tâche de l'entourer. La seule manière
d'expliquer ta t d'événemens étranges c'est de se
bien pénétrer de cette vérité qu'une résistance sys-
tématique aux plans d'un gouvernement paralise ses
bonnes intentions, aliène la confiance des peuples,
et, donnant des inquiétudes sur l'avenir, frappe au
cœur la fortune publique. Et pour produire tant de
mal il faut si peu de chose ! Il y a toujours, là, une
foule d'hommes tourmentés, chagrins, ennuyés, be-
soigneux, sans présent, sans perspective de par le
monde, sans considération aucune, à la piste, à la
quête de tout bouleversement de l'ordre social à
l'aide de quoi ils nourrissent l'espoir de parvenir à
une position à laquelle ils croient avoir droit de pré-

tendre et d'où les a précipités souvent une conduite vicieuse ou leur incapacité. N'ayant que la chance de gagner, du moment qu'ils n'ont rien à perdre, résolus de se louer jusqu'au bout au plus offrant et dernier enchérisseur, quand les destins de la patrie seront mis à l'encan sur la place publique ; ils forment l'escorte obligée, le noyau cosmopolite de tous les partis. Ce n'est pas que nous voulions dire que les chefs de partis les appellent à eux, les encouragent, les prennent à leur solde, comme l'expérience cependant l'a prouvé en mainte occasion, mais ils sont là, de gré ou de force, ils y sont, ils se donneront plutôt pour rien aujourd'hui, quitte à imposer demain un prix proportionné à leurs services quand le combat sera bien engagé, avec menace de déserter armes et bagages et de passer à l'ennemi. En attendant, ils passent pour être tellement accommodans qu'on nous a assuré qu'il y en avait, par le tems qui court, qui faisaient de la république à forfait, mais généralement ils préfèrent travailler aux pièces. Les efforts de ces gens-là, bien que nombreux, avorteraient assurément ; mais il y a en outre de ces hommes, qu'aucun malheur ne peut instruire ni corriger, qui leurrés, attendris, gagnés par des semblans de sympathies, sont toujours d'humeur à donner tête baissée dans le premier piége qu'une main perfide leur tendra, pourvu qu'elle s'y prenne un peu adroitement. C'est l'amour du changement qui les pousse, ceux-là, et ils seraient fort embarrassés de se rendre compte de ce sentiment qui les domine et qui les compromet à pure perte. Toujours placés à l'avant-garde comme chair à canon, en révolution, ils sont décimés, taillés en pièces les premiers. Quand la paix règne, c'est presque toujours eux qui occupent les bancs des cours d'assises et remplissent les prisons pour délits politiques, tels que conspirations, coups de main, cris séditieux etc. Toute la gloire cependant à laquelle ils doivent prétendre et se résigner à l'avance est celle du martyre; car, que leur cause d'aujourd'hui triomphe demain, dans trois jours ils seront martyrisés de rechef puisqu'ils sont turbulens par caractère et non par raisonnement, et victimes par vocation. C'est malheureusement un vice d'organisation chez eux qui les rend accessibles, non pas aux promesses séduisantes, car ils sont benins et candides au fond, mais aux doléances et aux projets du premier misérable venu sous l'influence duquel ils deviendront capables de tout, s'il met quelque bonne volonté à échauffer leur imagination jusqu'au degré voulu pour cet effet. Nous citerons pour en donner un exemple vraiment pitoyable les infortunés conspirateurs patriotes de 1816, Plaignier, Tolleron et Carbonneau.

Or, et il est facile de s'en convaincre, les spéculateurs de scandale et de désordre ne se font pas faute de ce moyen. Sans conscience et sans foi politique, sans idées arrêtées, sans respect humain et sans vergogne aucune, les journalistes se chargent du métier infâme d'entremetteurs et d'interprêtes dans toutes les trames, quelque soit la main qui les a

ourdies. Leur but est de gagner de l'argent bien
plus que de professer des principes de morale et
d'utilité publique. Ils ont promis de livrer à
tems préfixe à la publicité une feuille de papier
imprimée ; que les nouvelles qu'ils donnent soient
vraies ou fausses, que leur polémique soit logique-
ment raisonnée ou qu'elle ne contienne que des dia-
tribes boursouflées, des injures et des calomnies
dégoûtantes, il n'importe. Que dis-je! Il importe
d'autant mieux qu'il est plus facile, sinon méritoire,
de faire de l'opposition de *père Duchesne* que d'instruire et d'éclairer ses lecteurs par le compte fidèle
et impartial qu'exigeraient leur mission et les intérêts du pays, mais leur engagement est également
rempli. Toute cette presse périodique forme une
coterie, une association, une franc-maçonnerie qui
finira par être fatale à la civilisation dont elle ar-
rête les progrès purement et simplement pour avoir
à pérorer à son aise. Du reste un changement dans la
forme du gouvernement ne lui fera ni chaud ni froid,
puisque, puissance occulte, elle agit sans danger
pour elle, comme sans moralité pour la société
qu'elle prend à tâche, par métier, de pervertir et
d'ébranler jusques dans ses fondemens. Et quand
nous disons métier, nous prenons l'expression au
pied de la lettre. N'a-t-on pas vu des journalistes
écrire à la fois dans plusieurs journaux, organes d'opi-
nions différentes et combattre le soir leurs dires
du matin ? et ne les voit-on pas tous les jours dans
leurs bureaux, dans les cafés, dans les théâtres, affi-

cher une impudente camaraderie en dépit des couleurs ennemies dont il ils se parent, et souvent au
même instant que les citoyens, électrisés par leurs
cris de colère et de vengeance sont prêts à s'entre-
gorger bêtement dans les carrefours. Puis se groupe
autour d'eux tout ce qui est esclave de la mode, et
celle de l'opposition en est une qui dure depuis bien
long-tems et semble ne devoir pas tomber de sitôt
en désuétude. Ainsi une partie de cette jeunesse imprudente et inexpérimentée des écoles, et
que l'empire de passions neuves, qui viennent remuer
son sang, rend bruyante et fougueuse. Toutefois,
bien qu'en attachant la plus haute importance à la
couleur et à la forme d'un chapeau, tout en faisant
autant que possible de la propagande à l'estaminet
entre un verre de bierre, un cigarre de la Havanne
et la poule, ceux-ci ne sont pas bien redoutables non
plus en guerre civile. Retenus par des considérations
de famille et d'une position honorable qui les attend
au sortir de leurs études, et le sentiment de leur
mérite personnel qui les ferait honteux de se trou-
ver en contact avec les factieux par instinct ou par
nécessité, c'est-à-dire avec des intrigans obscurs et
des dupes imbéciles, contens d'une sorte de vernis
d'opposition qu'ils acquièrent à bon marché, ils ont
toujours manqué à l'appel des collisions, ou les ont
fait avorter par leur présence qui faisait qu'on ne
s'y reconaissait plus, qu'on n'y était plus à son aise,
chez soi; et en de telles circonstances des figures
étrangères inspirent de la défiance des doutes et des

peurs paniques. Que le ministère Villèle les connaissait bien, les braves jeunes hommes! Mais en tems de calme, ils donnent toujours une certaine force morale aux mécontens qui peuvent, avec quelqu'apparence de vérité, jetter à la multitude cette phrase banale, devenue un lieu commun, la génération nouvelle est à nous.

Alors au milieu de cet ensemble hétéroclite gravitent en oracles quelques hommes, supérieurs sans doute, à l'âme fortement trempée, mais inquiets, tracassiers, hargneux, qui se plaisent à voir les choses autrement que sous leur point de vue véritable, afin de pouvoir donner carrière à une philosophie à perte de vue, calquée sur le contrat social, à une éloquence déclamatoire et à leur fureur extravagante de réformes : qui semblent ne pas s'appercevoir que cette morale qu'ils prêchent est au-dessus de la portée de leur siècle, et par conséquent impraticable ; que non-seulement il faudrait, pour ce faire, un gouvernement mais un peuple, et non-seulement un peuple mais un monde de J.-J. Rousseau; que c'est donc une philosophie idéale, inutile aux hommes pour qui la perfection ne peut pas exister, puisque l'évangile n'a pu produire ce résultat, l'évangile bien supérieur à tous les contrats sociaux du monde ; que leurs prédications furibondes ne peuvent que réveiller les haines assoupies, envenimer les plaies à grand'peine cicatrisées, refouler le peuple dans l'anarchie, la dégradation et le sang. En vain nous opposeraient-ils que les mœurs adoucies, au cas où l'incendie de la guerre civile se rallumerait en France, se révolteraient à l'idée d'une seconde édition de 93, nous les engagerons à se reporter, eux, à la triste époque du choléra, et de nous dire si l'homme qui fit manger par son chien les entrailles d'une des nombreuses victimes du désespoir et des soupçons populaires, ne présente pas tous les caractères de férocité du septembriseur des Carmes et de l'Abbaye, du Sans-Culotte offrant au bout de sa pique une tête à saluer à Boissy d'Anglas. Eux-mêmes ne se vantent-ils pas à chaque occasion qu'ils en peuvent saisir, d'avoir sauvé dans les journées de juillet des gardes royaux et des Suisses en les déguisant ; mais sauvés de qui ou de quoi? S'ils pensaient que le peuple n'était pas capable de se porter de nouveau à ces excès qui ont épouvanté le dernier siècle. En vain nous crieront-ils que la révolution qu'ils méditent, aidée de l'expérience payée si cher depuis 40 ans, saurait prévenir le retour de pareils désastres, nous leur répondrons de prendre la Gazette des Tribunaux de s'y convaincre de l'expérience des meurtriers, des soins prodigieux, des méditations qu'ils ont consacrés à prévenir les doutes, à effacer, à anéantir les preuves le plus équivoques, de la sécurité dont ils croyaient devoir jouir, après la consommation du crime, à la face des hommes et de lire la fin de leur histoire déchirée par le bourreau. Et les hommes de 89 n'avaient-ils pas l'expérience de l'Angleterre? Y a-t-il d'ailleurs une expérience pour la passion qui est une aliénation mentale? Depuis quand les fous raisonneraient-ils?...

On se garderait bien de nous retorquer l'argument par l'exemple de la révolution des trois jours, que nos aïeux eussent imputée à miracle. Mais nous aborderons franchement la question sur-le-champ, et nous répondrons que nous y étions, et que nous avons vu le peuple fort embarrassé de la victoire et de ses conséquences, comme un homme qui aurait tué son adversaire dans un duel à outrance et sans témoins, que des gens qui lui étaient vraiment attachés sont accourus à son secours. J'en adjurerai le camp de Grenelle. Qu'ils ont audacieusement relevé à la hâte l'édifice social écroulé; que, nonobstant leur zèle inébranlable néanmoins et leurs efforts constans, le peuple s'est ressenti, a souffert trois ans de cette secousse de trois jours, et que ceux-là dont le dévoûment l'a sauvé, n'ont vu le succès couronner leur noble entreprise, que parce que, pendant la lutte, ayant conservé leur sang-froid, ils ont su, en médecins habiles, arrêter le mal au moment d'une crise salutaire...

— Et si l'on nous opposait que la révolution de juillet a été châtrée et profitable seulement pour quelques-uns qui l'ont confisquée, nous laisserons enfin répondre le peuple, mais ici nous voulons dire le prolétaire, celui qui vit au jour le jour de sa journée et qui a femme et enfans. Car nous l'avons consulté, nous, nous qui vivons à la même table que lui et couchons sous le même toit... L'homme du peuple vous dira : qu'il n'est pas un bretteur de profession et qu'il lui en coûte d'arracher les pavés de la rue ; qu'assez et trop long-tems il a servi de champ de bataille aux factions ; que les révolutions ne lui ont jamais rien valu qu'une cote plus élevée dans les impôts et un désœuvrement forcé de plusieurs années consécutives, sans compter l'impôt de son sang versé à flots pendant leurs cours et les réactions qui les suivirent. Que désabusé à l'école d'une si longue adversité, il ne veut plus s'engager dans une partie où l'on joue si gros jeu et où il n'y a pas de revanche pour tout le monde ; qu'il est temps qu'il songe lui-même à lui, et que s'il doit compter pour quelque chose dans ce qu'on appelle le bien général, lorsqu'il travaille à son bonheur personnel il n'agit pas tout-à-fait en égoïste, puisqu'il travaille vraiment au bien général, en dispensant les autres de prendre tant de soins pour lui, soins dans lesquels ils se trompaient ordinairement et, le laissant au rancart, appelaient leur bonheur propre le bonheur public. Qu'il ne connaît pas ceux qui se disent si fort ses amis, et qu'il croit n'avoir pas tort de présumer que, s'il pouvait vaquer à ses affaires en personne, ils n'embrasseraient pas si chaudement sa cause. Qu'au bout du compte, il pense (et ce mot est historique), qu'il en est des gouvernemens comme des femmes, que le meilleur n'en vaut rien, mais que c'est un mal nécessaire.

Qu'en conséquence, comme celui sous lequel nous vivons aujourd'hui lui paraît le mieux comprendre ses intérêts et ses besoins, il le préfère aux autres, et le défendrait s'il était attaqué d'abord et surtout parce qu'il existe et qu'il est moins facile de rétablir que de conserver, ensuite parce que, faute de temps à perdre, il ne veut pas compromettre un bonheur présent réel contre un avenir chimérique, qui ne pourrait, dans tous les cas, lui offrir autant de garanties, de capacités et de vertus éprouvées long-temps. Que, d'un côté, si ceux-là le trahissaient aussi, il n'y aurait personne qui put lui prouver encore des droits à sa confiance; et que dans l'autre hypothèse si une nouvelle révolution s'opérait, contre ses intérêts et sa volonté, il y aurait tyrannie et moquerie insultante à lui imposer la nécessité de choisir même la forme de gouvernement qui lui conviendrait le mieux après avoir brisé celui qu'il préfère.

Il y a un grand fonds de prudence, de raisonnement et d'expérience logique dans ces quelques lignes. En effet, les hommes placés aux sommités de l'opposition savent bien qu'on ne peut changer le gouvernement sans qu'il y ait beaucoup de places vacantes, et ils se défendraient mal si on les accusait de s'en faire un point de mire. Ne faudrait-il pas bien qu'elles fussent prises par quelqu'un. Par qui, si non par eux? Et puisque nous en sommes sur ce chapitre, nous ne passerons pas outre sans toucher quelques mots qui nous semblent capables de les embarrasser un peu dans leurs affectations de désintéressement, d'abnégation totale d'intérêts privés et de coterie. Le peuple, objet de leur sollicitude, est pauvre, et eux sont riches ; pourtant, après lui avoir créé des journaux, écrits dans le but tout philantropique de l'éclairer et qu'on devait lui vendre *la simple bagatelle d'un sou, pour lui laisser le droit de dire : J'ai payé;* on ne les lui donne plus que pour deux sous, ce qui a un résultat tel, qu'au lieu de lui faire des sacrifices, qui ne seraient pas d'ailleurs bien onéreux, on frappe sur lui un impôt de plus.

La différence est révoltante, et ne choque pas moins la raison que l'humanité, entre l'homme qui a du superflu et celui qui n'a ni vêtemens, ni asile, ni pain ; or, l'opposition ne voit le peuple véritable que dans ceux qui se trouvent dans cette piteuse catégorie, et admirez la profondeur et la conséquence de ses élucubations ! elle demande qu'on vote un crédit de six millions pour racheter l'hôtel d'un homme qu'elle accusa long-temps d'incurie et de trahison, à la ruine duquel elle insulta elle-même, il n'y a pas long-temps, en battant des mains, en la proclamant le châtiment mérité de sa participation dans *la comédie de quinze ans*, d'un homme qu'elle traitait tous les jours, Dieu sait comme ! et dont le malheur lui paraissait la peine du Talion ; d'un homme qui, sans trop savoir pourquoi ni comment s'est purifié en rentrant dans son giron, et dont les débris de fortune, n'en déplaise à sa compassion, suffiraient à faire vivre honorablement peut-être plus de cinquante familles de républicains austères. Pourquoi ce crédit, dont il faudrait que le peuple payât la plus grande part? Entre mille exemples, en voilà deux au hasard, et, sans poursuivre davantage, ils nous permettront de les considérer, sous certains points de vue, bien au-dessous des patriotes montagnards de 93, leurs chefs de files et leurs modèles. Car, après le 28 juillet (9 *thermidor*) on ne trouva, assure-t-on, qu'un assignât de six livres chez Robespierre, et l'état fut obligé de subvenir aux frais des deux apothéoses de Marat au Panthéon et dans l'égoût Montmartre. Il était pourtant journaliste aussi, lui!

Ils ont repoussé les offres les plus brillantes, disent-ils ; mais c'est eux qui le disent, et puis s'ils veulent mieux. Il ne faut qu'un moment de faiblesse contre lequel il ne serait bon de se porter caution pour personne, Mirabeau s'est bien vendu, et depuis..... En attendant, il y a une ambition plus funeste au cœur des hommes politiques que celle des places et de la fortune : c'est l'ambition du comédien aux applaudissemens du parterre.

Or, jusqu'ici, rien ne leur a manqué, rien ne leur a coûté pour y parvenir ; mais le bon sens et le mépris public en ont fait justice. Le peuple, qui voulait être quelque chose en 89 est tout aujourd'hui, il n'y a donc plus de querelles à vider entre des catégories rivales. La seule question à débattre est celle de l'intelligence et de l'humanité. Que si, abandonnant cette considération, on ne veut voir le droit que dans la volonté qu'on imprime ou qu'on souffle si facilement aux masses, réhabilitons la saint-Barthélemy et la révocation de l'édit de Nantes, puisque tout concourt à prouver que Louis XIV et surtout Charles IX, non-seulement marchaient avec les masses, abondaient dans leur sens, mais s'en reposaient même sur elles pour l'exécution de ces forfaits inouïs. On a trop bien vu que c'était leur cause seule qui les enflammait. Ils se disent persécutés et cherchent à éveiller des échos, non pas à leurs cris de détresse ou de miséricorde, mais à leurs clameurs de haines et de proscription. Leurs calculs sont faux comme leurs systèmes. Quand on se met hors du droit commun, quand on outrage la loi, la loi vous frappe. Et avec l'assurance de l'impunité qu'ils réclament, quel courage y aurait-il dans leur conduite, quelle générosité qui en fissent prendre en pitié la perversité ou la folie. Il y a de la dignité à souffrir sans se plaindre, quand on a succombé; et qu'ils y prennent garde ! On est persuadé, dans le peuple, que leur règne éphémère ne servirait qu'à rouvrir les chemins de l'exil aux Bourbons de la branche aînée; car l'abus de la liberté devient licence, et la licence tue le patriotisme dans bien des cœurs. Alors la tyrannie a l'œil perçant et le poignet fort. Oh! si un autre Waterloo doit être inscrit dans nos jours nefas, que les sœurs de nos Robespierre modernes préparent leurs habits de deuil, pour aller encore solliciter des pensions sur la cassette des successeurs de Louis XVI ; car elles auront à pleurer sur un nouveau thermidor.

FIN.